cuernos

cuello

Busca
estas palabras
e imágenes
mientras lees.

manchas

lengua

¡Mira! ¿Qué hay detrás
de ese árbol? ¡Es una jirafa!

La jirafa es el animal más alto en tierra. Una jirafa alcanza los 18 pies (5,5 m) de altura.

cuello

Mira el cuello. Es largo.
Puede alcanzar las hojas altas.

cuernos

Mira los cuernos. Los machos y las hembras tienen cuernos. Los machos los usan para pelear.

Mira las manchas.
Cada jirafa se ve diferente.

manchas

lengua

Mira la lengua.

Es muy resistente.

Las espinas no la lastiman.

Una jirafa bebé corre. Ya sabe caminar una hora después de haber nacido. Sigue a su mamá.

cuernos

cuello

¿Lo encontraste?

manchas

lengua

Spot es una publicación Amicus y Amicus Ink
P.O. Box 227, Mankato, MN 56002
www.amicuspublishing.us

Library of Congress Cataloging-in-Publication Data
Names: Klukow, Mary Ellen, author.
Title: Los jirafas / by Mary Ellen Klukow.
Other titles: Giraffes. Spanish
Description: Mankato, Minnesota : Amicus, [2020] | Series: Spot. Animales africanos | Audience: Age 7. | Audience: K to Grade 3. | Includes bibliographical references and index.
Identifiers: LCCN 2018054539 (print) | LCCN 2018055685 (ebook) | ISBN 9781681519043 (eBook) | ISBN 9781681518787 (hardcover : alk. paper)
Subjects: LCSH: Giraffe–Africa–Juvenile literature.
Classification: LCC QL737.U56 (ebook) | LCC QL737.U56 K5818 2020 (print) | DDC 599.638–dc23
LC record available at https://lccn.loc.gov/2018054539

Wendy Dieker y Alissa Thielges, editoras
Deb Miner, diseñador de la serie
Ciara Beitlich, diseñador de libro
Holly Young, investigación fotográfica

Créditos de Imágenes: Getty/Marc Rauw cover, 16; iStock/kotomiti 1; Shutterstock/otografieKuhlmann 3; Shutterstock/Volodymyr Burdiak 4–5; Minden/Denis-Huot 6–7; iStock/GlobalP 8–9, 12–13; iStock/Palenque 10–11; Minden/Suzi Eszterhas 14